AF332657

LETTRE

A MONSIEUR ***

CHIRURGIEN-MAJOR

DE L'HOPITAL MILITAIRE DE B...

ET DE

L'ACADEMIE ROYALE

DE CHIRURGIE,

Au sujet des DRAGE'ES ANTIVENERIENNES
& du TRAITE' COMPLET DE LA GON...

PAR M. DIBON,

Chirurgien Ordinaire du Roi dans la Compagnie des
Cent-Suisses de la Garde de Sa Majesté.

M. DCC. LVI.

LETTRE

A M. * * * *Chirurgien-Major de l'Hôpital Militaire de B..... & de l'Académie Royale de Chirurgie, au sujet des* Dragées Antivénériennes *& du* Traité complet de la Gon ....
Par M. Dibon, *Chirurgien Ordinaire du Roi, dans
la Compagnie des Cent-Suisses de la Garde de
Sa Majesté.*

'AVEZ-vous pas deviné, Monsieur, qu'il en seroit du défi public que j'ai fait à M. *Keyser*, Inventeur des Dragées Antivénériennes, comme de celui que je fis il y deux ans à M. de Torrès, c'est-à-dire, qu'il ne seroit point accepté ? Cependant quel moyen plus simple & plus sûr, pour établir solidement la réputation de son Remède, pouvoit jamais se présenter ? Quels reproches, ce Public qu'il prétend servir, n'est-il pas en droit de lui faire, pour avoir refusé un concours qui devoit assurer sa confiance ! Car ne croyez pas que M. *Keiser* puisse prétendre cause d'ignorance du défi que je lui ai formellement intimé ? J'ai eu soin de lui faire remettre la Lettre imprimée que je lui adresse, avec une invitation très-pressante de faire sans animosité, ainsi que sans supercherie, les épreuves respectives de nos Remèdes, & de n'envisager dans ce louable conflit que le bien public. Or, puisque M. *Keyser* s'est publiquement prévalu du refus que M. Thomas, Chirurgien de Bicestre, a fait d'accepter un pareil défi de sa part, M. *Keyser* trouvera bon que je regarde son silence comme un refus d'entrer en lice avec moi, & ce refus, comme un aveu de l'insuffisance de son Remède. Je n'examine point les raisons que M. Thomas peut avoir eues, pour refuser le combat avec M. *Keyser*. Il n'y avoit guéres d'apparence qu'un Praticien très-occupé, & qui a par jour plus de 200 malades à traiter, pût se livrer à un concours qui l'auroit dérangé de son Hôpital. De plus, pourquoi M. Thomas, qui sçavoit à quoi s'en tenir sur le Remède de M. *Keyser*, lui auroit-il fait répéter des épreuves très-inutiles? Il connoissoit parfaitement l'insuffisance des Dragées Antivénériennes, pour avoir eu plusieurs malades manqués par M. *Keyser*: ainsi quel intérêt avoit-il de multiplier sur cela ses preuves, lui qu'aucune concurrence de Remède particulier, ne pouvoit exciter personnellement à porter le dernier coup aux Dragées?

M. *Keyser*, à mon égard, est dans un cas bien différent. Provoqué par une lettre anonyme, où tout autre en ma place auroit soupçonné qu'il avoit du moins quelque part, je n'ai fait que relever un défi qu'on m'y proposoit indirectement, & je lui ai simplement signifié l'acceptation que j'en faisois avec la joie la plus sincere, dans la seule vûe de le rendre utile au Public, à lui-même & peut-être à moi. Il n'a sûrement pas la moitié des occupations qu'a M. Thomas; il n'est pas accablé de malades. Ainsi rien ne peut colorer un refus dont j'ai bien droit de prendre acte. Voilà, Monsieur, où j'en suis par rapport à M. *Keiser*. Je voulois engager le défi, afin de m'assurer par moi-même de la qualité d'un Remède qui semble avoir avec le mien quelque conformité, soit par son application intérieure, soit par la forme sous laquelle il s'administre. Mais je suis actue'lement bien instruit de la différence de nos Remèdes. M. *Keyser* donne chaque jour plusieurs de ses bols ou de ses dragées: plus ménager que lui, je borne ma dépense à deux bols par jour, dont un le matin & l'autre le soir. Il faut qu'il les fasse prendre lui-même, & sa présence entre apparemment pour quelque chose dans l'effet.

du Remède : moi je laisse bonnement le mien à la difpofi-
tion des malades , & je l'envoie en tout pays avec un
Mémoire inftructif. Quant à la fupériorité de l'un ou de
l'autre Remède, je la crois décidée en faveur du mien.

Vous me dites cependant qu'on vous a marqué que les
Dragées reprenoient un peu. Comment un peu ? Il court
un bruit, que quatre Praticiens du premier ordre ont acheté
ce précieux Remède la fomme de cent mille livres : mais
ce bruit vraifemblablement vient du Parterre de S. Côme.
Vous vous fouvenez des cinquante mille liv. de rente qu'on
offroit à M. de Torrès, pour fa préparation de Mercure.
Cent mille livres font bien au-deffous d'un million ; mais
quand on arrive après les autres, il y a toujours beaucoup
à perdre. Au refte, entre plufieurs faits certains dont j'ai
par devers moi les preuves ; en voici un peu favorable aux
Dragées. Un Maître Paveur de Paris fentoit fimplement aux
extrémités des douleurs vagues & périodiques. Les Dragées diminuerent ces douleurs ; mais des accidens bien
plus dangereux fuccéderent. Le malade fortit des mains
de M. *Keifer* (qui l'avoit pourtant affuré d'une parfaite guérifon) avec une falivation abondante, & rendant les alimens à mefure qu'il les prenoit. Il y avoit un agacement
fi confidérable dans le genre nerveux, & dans les parties
mufculeufes, que les mouvemens des extrémités fe fai-
foient involontairement. J'ai fait voir le malade en cet état
à M. *de la Martiniere*, premier Chirurgien du Roi, en pré-
fence de M. le Dran, & de plufieurs autres Chirurgiens :
ils peuvent attefter mon récit.

J'ai traité le premier point de votre lettre, paffons tout
de fuite au fecond. Vous demandez ce que je penfe de
l'ouvrage intitulé : *Traité complet de la Gon.... virulente
des hommes & des femmes ?* Je l'ai lû en homme empreffé
de m'inftruire, & vous allez voir les impreffionsque m'a
laiffées cette lecture.

La *Préface* eft une efpèce de déclamation, où il y a
peut-être du ftyle, mais où rien de neuf, & qui n'apprend
rien. Après beaucoup de bonne morale fur les effets de
l'incontinence & quelques defcriptions pathétiques qui
n'ont que l'inconvénient d'être ufées, l'Auteur fait une
très-vive fortie fur les Charlatans ; on fent qu'il fe paffionne

contr'eux, & cette paſſion eſt trop éloquente, pour n'être pas
un peu ſuſpecte d'intérêt. On retrouve de tems en tems dans
le corps même de l'ouvrage de ces refreins ſur les Charlatans. L'Auteur affecte d'en étendre ou d'en généraliſer
le titre, pour envelopper tout ce qu'il ne croit pas digne
d'exception, & chez lui les exceptions ſont rares. Il an-
nonce enſuite avec énergie ſa méthode particuliere pour
le traitement de la Gon.... & il finit par tracer le plan
de ſon livre. Ici, comme dans tout l'ouvrage, on voit un
mêlange ſingulier de confiance & de modeſtie qui ſe con-
tredifent ſans ceſſe, un air de déſintéreſſement bientôt dé-
menti par un fond d'intérêt qui perce à chaque page ; ce
qui forme un tiſſu d'inconſéquences dont il eſt étonnant
qu'un Ecrivain (qui n'eſt pas novice) n'ait pas apperçu la
biſarrerie.

Il eſt vrai que l'Auteur nous prévient (p. 17.) qu'il
écrit moins pour les Chirurgiens que pour les malades.
Mais il n'avoit pas beſoin de le dire : ſon but n'eſt que
trop évident, & le plan qu'il ſuit pour y parvenir, eſt ce
qui m'a paru de mieux dans ſon Livre. En effet, tout ce
qu'il a pû ramaſſer dans les Ecrivains *Aphrodiſtes* de doctrine & de théorie (ce qui fait plus des deux tiers du vo-
lume), n'aboutit qu'à ces quatre objets. 1°. A exagérer
les accidens d'une maladie très connue, & que tout vrai
Praticien guérit. 2°. A inſinuer que toutes les méthodes
uſitées ne ſont que des palliatifs, ce qui ſans doute eſt
fort obligeant pour *tous & chacuns* ſes Confreres. 3°. A
inculquer que généralement hommes & femmes recelent
preſque en tout état plus ou moins de levain vérolique ;
à jetter par conſéquent la terreur & l'inquiétude dans tous
les eſprits, pour obliger ſains & malades d'entrer à l'envi
dans la Piſcine. 4°. A établir qu'il poſſéde ſeul l'unique
& véritable remède pour la guériſon des maladies dont il
parle. Qu'on liſe & reliſe ſon livre, la plus exacte ou la
plus fine analyſe ne donnera point d'autre réſultat. Il
triomphe ſur-tout dans le pronoſtic des *Fleurs Blanches* ;
il y a de quoi faire trembler les trois quarts du ſexe. Toutes les femmes & les filles qui ont des fleurs blanches,
ont, ſelon lui, la Gonor..... Guéries par les remèdes

vulgaires ; elles s'endorment dans une fauſſe & dangé-
reuſe ſécurité. Il faut, à peine de la vie, qu'elles ayent
recours à l'Auteur ; c'eſt à lui qu'il eſt réſervé de réaliſer
leur guériſon. Nous avons heureuſement mille exemples
qui contrediſent ce prétendu pronoſtic. Pour m'en tenir
à un ſeul fait que l'Auteur peut vérifier lui-même, je connois une Dame à Paris, rue des deux Portes S. Sauveur,
qui a des fleurs blanches depuis l'âge de quatorze ans.
Malgré cette indiſpoſition, elle a eu pluſieurs enfans, tant
garçons que filles, & aucun ne s'en eſt jamais reſſenti.
Cette Dame eſt préciſément dans l'état de maraſme & de
conſomption décrit par l'Auteur ; mais ce ne ſont point
les ſymptômes de la maladie qu'il imagine, ce ſont ceux
de la caducité. La Dame aux fleurs blanches eſt âgée
de 86 ans & ſept mois. A cette plénitude d'années (maladie vraiment incurable) ſe joint une grande altération ſur-
venue depuis peu dans ſa ſanté, par la perte de ſon mari
qui vient de mourir avec ſes 86 ans accomplis.

Les hommes n'ont pas meilleur marché de notre ef-
frayant Praticien. *Tel qui ſe croit guéri par les Méthodes
ordinaires, aura lieu de ſe repentir tôt ou tard de ſon erreur.*
Défiez-vous de la ſanté la plus affermie : les péchés de
votre jeuneſſe ſont-ils entiérement effacés depuis vingt
ans, trente ans, (le tems n'y fait rien) ? Redoutez de fâ-
cheux retours. L'Auteur vient troubler ſalutairement la
tranquillité des deux ſexes ; il porte par-tout le trouble &
l'allarme. *Non veni pacem mittere*, &c.

Vous voyez comme tout ce ſyſtême eſt lié. Peut-on
douter après cela qu'il n'ait écrit pour les malades, c'eſt-
à-dire, pour s'en attirer de réels, ou pour en ſuſciter d'i-
maginaires ? Peut-être prétendez-vous, Monſieur, qu'on
n'écrit point pour les malades, mais pour ceux dont la
fonction eſt de les guérir. Je conviens qu'ordinairement
les Livres de Medécine & de Chirurgie ne ſont faits que
pour les derniers ; mais vraiſemblablement l'Auteur n'a
cherché que des Lecteurs utiles, & il auroit rempli ſon
objet, ſi ſon Livre, débarraſſé de la doctrine & du langage de l'Art, pouvoit être lû de tous les malades, & les
perſuader.

Je ne me ſuis point arrêté à un endroit de la Préface où l'Auteur s'égayant ſur certains Rémedes, dans l'uſage deſquels *on dort, on boit, on mange comme à l'ordinaire,* ſemble avoir voulu déſigner le mien, & par conſéquent le confondre avec tous ceux qu'il improuve : du moins on m'a fait l'honneur d'appliquer ce trait à ma méthode. Mais ſi c'eſt une hoſtilité de ſa part, comme il ne fait pas plus de grace aux frictions, je ſuis en trop bonne Compagnie pour me plaindre. Pourquoi voudrois-je que l'Auteur fût plus indulgent pour moi que pour ſes Confreres ? Cependant il eſt bien inſtruit de pluſieurs guériſons que j'ai faites, ſans interdire la nourriture aux Malades. Vous ſçavez, Monſieur, que par ma Méthode je conſidére les alimens pris avec modération, avec choix, comme abſolument néceſſaires pour aider l'action du Reméde. J'en ai bien établi les raiſons dans mon Traité des Maladies Vénériennes, & je ne les repéterai point.

Je vous laiſſe examiner, Monſieur, ſi toute la ſubſtance du *Traité complet,* juſtifie exactement ce titre, & ſi l'Auteur a épuiſé la matiére. Je ne veux pas non plus m'embarquer dans la diſcution de cet Ouvrage ; mais je ne puis m'empêcher d'embraſſer ici la défence d'un Remede innocent, qui, bien adminiſtré, produit toujours de très-bons effets. Il s'agit des *Injections,* que l'Auteur paroit condamner indiſtinctement d'après quelques-uns de ſes guides. Toutes les injeƈions cauſtiques, ou celles qui produiſent de fortes criſpations, je les rejette aſſurément; mais je tiens bon pour ces injeƈions douces & balſamiques, qui en adouciſſant l'ardeur & la tenſion des parties malades, détergent & cicatriſent les ulcéres, d'où procéde l'écoulement. * Dans les ulcéres de la gorge, n'a-t-on pas ſoin de recommander l'uſage fréquent des gargariſmes? Ne preſcrit-on pas les injeƈions dans l'oreille, dans le nez, en un mot dans toutes les cavités du corps qui recélent intérieurement quelque mal? Les néglige-t-on dans la fiſtule lacrymale, dans la fiſtule à l'anus, & dans toutes celles qui ſe forment, ſoit près des articulations, ſoit en d'autres parties du corps, ainſi que dans les inflammations

* L'uſage des Injeƈions, trop négligé aujourdh'ui, eſt très-ancien. Voyez *Planiscampi, Mayerne, Muſitan,* & M. *Malouin* dans ſa Chymie Médicinale.

mations du prépuce ? Si dans toutes ces affections le fiége
du mal étoit extérieur comme dans les playes, feroit-il
poffible d'y remédier, fans un panfement méthodique ?
L'ufage des injections dans la Gon..... eft d'autant plus
recommandable, que pour guerir efficacement toutes
fortes d'ulcéres & par conféquent ceux qui furviennent
dans le canal de l'urèthre, il faut s'attacher principalement
à les nettoyer, & à empêcher que la matière par fon fé-
jour ne faffe de nouveaux progrès.

M'objectera-t-on que par cette méthode on pourroit
faire refluer le virus dans la maffe du fang, & que la maladie, de fimple qu'elle étoit, deviendroit alors compli-
quée ? Je répondrai que la matière qui entretient l'écoulement, étant feparée du fang, n'a rien qui altere fa fub-
ftance. Si cette matière change de couleur, & devient
jaune, verte ou blanche, cette variété ne provient que
de la qualité de l'ulcère. Ceci eft fondé fur l'expérience.
Après avoir fait ufage des injections pendant trois ou quatre jours, qu'on examine l'écoulement qui s'épanche fur
la chemife, ou qui fe préfente à la fortie du canal, on le
trouvera blanc & d'une confiftance épaiffe. Ainfi je
conclus, qu'en évacuant par les injections cette matière
lymphatique qui fejourne fur la furface de l'ulcère & qui
a reçu les premieres impreffions du virus (dont le fejour
feul pourroit porter fon acrimonie dans le fang) elle eft
auffi-tôt remplacée par celle qui fe filtre fans ceffe par les
mêmes couloirs. Or, dès qu'on a bien nettoyé l'ulcère
par de fréquentes injections, la nouvelle lymphe qui l'ar-
rofe ne reçoit plus d'altération, & confervant fa qualité
balfamique, contribue au contraire par fa douceur à la
guérifon de l'ulcère. Au refte, en recommandant les injections, j'entends que l'on employe en même tems les
remédes indiqués par la maladie. Mais fuppofons que le
virus fe gliffe ou pénétre dans le fang, ne vaut-il pas
mieux dans ce cas recourir aux Antivenériens qui l'iront
fûrement forcer dans fes derniers retranchemens, que
d'abandonner la maladie aux feuls efforts de la Nature &
des Remédes ordinaires, qui fouvent font inefficaces ?

Je crois que tout bon Praticien qui veut mettre fon malade à l'abri des fuites fâcheufes qu'entraîne quelquefois la Chaud.... ne doit point négliger le reméde radical. Dans le traitement de cette maladie, je l'adminiftre à ma façon en dofe plus ou moins forte, fuivant l'opiniâtreté du mal, & même après que la Chaud.... paroit parfaitement guérie. Par ce moyen je ne crains jamais aucun accident ni aucun retour.

On a reproché à l'Auteur, mais fans doute trop durement, le fecret qu'il juge à propos de faire de fa méthode curative, & fur-tout la finguliére façon dont il juftifie ce fecret (p. 140.) *Mon intention, dit-il, eft bien d'en faire part un jour au public; je croirois me rendre coupable, fi j'enterrois mon Reméde : mais je dois craindre de le publier d'abord, pour ne le point expofer a être décrié par le mauvais ufage qu'on en pourroit faire, & dont la faute pourroit retomber fur moi.. On ne doit donc pas trouver mauvais que j'attende, pour faire un préfent général du fruit de mon étude & de mes expériences, que la bonté en ait été conftatée par des fuccès qui feront toujours certains dans mes mains, & qui feroient fort douteux dans celles des autres, &c.* Plaifantes raifons ! difent les Critiques. Quoi ! ce Praticien n'a d'autre intérêt, n'a d'autre motif, pour nous priver peut-être encore long tems de la connoiffance de fon Rémede, que d'empêcher l'abus qu'on en pourroit faire ? A qui prétend-t-il en impofer par un pareil raifonnement ? N'abufe-t-on pas tous les jours des Rémedes les plus connus, les plus celébres, les plus fûrs ? Cet inconvénient dépend-t-il du tems de leur publication, & le prévient-on en la différant ? Si fon Rémede eft reconnu bon par les habiles gens, qui fans doute fauront toujours l'adminiftrer auffi bien que lui, quelque abus qu'en faffent les autres, qui pourra jamais l'imputer à l'Inventeur ou vivant ou mort ? Comment enfin concilier une réferve fi mal fondée avec l'amour du bien public, & le défintéreffement que l'Auteur étale à tout propos dans fon Livre ? On comprend de refte le fens, le vrai fens qu'il attache à tout ceci. Mais que ne difoit-il donc, fans détour;

« Avant que de publier mon Rémede, ce que je compte
» bien faire un jour, je veux jouir seul des avantages que
» sa possession peut me procurer. Quand j'en aurai tiré
» tout le fruit qu'il est capable de produire entre des mains
» aussi habiles & aussi exercées que les miennes, je l'a-
» bandonnerai au public. « Voilà des raisons nettes, pré-
cises, & j'ajoûte encore irrépréhensibles. Car enfin il me
paroit juste qu'un homme qui, par ses travaux, ou même
par le bienfait d'autri, est possesseur d'un secret utile, en
profite pendant sa vie, pourvû qu'il ait pris ses mesures
pour que la Société, lui mourant, n'en soit pas privée.
Mais le moyen de s'exprimer avec cette simplicité, après
avoir dit : *la fortune & la réputation que je me suis acquises
doivent me suffire*, & lorsqu'on veut dire encore : *Graces
à mon travail & aux succès de mes Rémedes, je me vois
en état de borner uniquement mes vœux à la gloire d'être
utile encore, sans aucune vûe d'intérêt !* Il a donc bien fallu
chercher ce tour que les Critiques censurent comme cap-
tieux & puérile, (je dirois seulement collusoire.) L'Auteur assurément se connoit trop bien en Charlatanisme,
pour ne pas voir qu'en le frondant, il lui en est échappé
des traits.

Si je voulois les démêler, que disent de plus, quel autre langage tiennent en effet ceux qu'il appelle Empy-
riques ? Sa Méthode est unique, infaillible, & propre à
réparer tous les torts ; *elle n'est ni violente ni désagréable*
(privilége remarquable en ce que lui-même il soupçonne
tous les Rémedes commodes.) Son Art *est la partie de la
Chirurgie pour laquelle il s'est trouvé le plus décidé, &
qu'il a toujours regardée comme son talent propre.... il n'a
fait que céder à l'instinct de la Nature.* Que veut-on encore ? *Il s'occupe depuis plus de 25 ans du traitement des
Maladies Vénériennes.* De ces 25 années toutefois, il faut
rabattre au moins le tems que l'emploi des *Bougies* & le
traitement des Maladies locales de l'urèthre ont pris sur
cette longue pratique ; car lorsque ses malades étoient
attaqués de maux Vénériens, il les adressoit à d'autres.
Enfin il a déja acquis quelques droits sur l'estime & sur la

reconnoiſſance du Public, & ce qu'il lui propoſe aujourd'hui eſt pour s'en aſſurer la continuation. Voilà, Monſieur, ſans aucune charge, les expreſſions les plus modeſtes de l'Auteur du *Traité Complet.*

Vous ſerez curieux de ſçavoir ſi ſon Remede, qu'il appelle tantôt *Pomade Métallique,* tantôt *Remede Anti-gonorrhoique,* (Enfans chéris ont pluſieurs noms) ne lui a jamais fait d'infidélités ? Je connois juſtement un Malade qui pour une Gon.... virulente a été un an ſous ſa conduite, & qui pendant tout ce tems a pris le divin Anti-gonorrhoique avec autant de docilité que d'exactitude & de précaution. Hé bien ! ce malade docile a porté malheur au Rémede. Je lui adminiſtre actuellement le mien, & je fais uſage des injections. Par ce moyen je compte le mettre à l'abri de tout ce qui s'appelle accidens véroliques ; mais je ne voudrois point répondre que faute d'avoir employé d'abord les injections, il ne reſtât à ce malade un léger écoulement ſéreux, qu'aucun Reméde ne fera ceſſer, & qui ne pourra s'attribuer qu'au relâchement des vaiſſeaux, cauſé dans cette partie par la trop longue durée du mal.

Je ne prétends point qu'un ſeul exemple (car j'ignore s'il y en a d'autres) puiſſent tirer à conſéquence & diminuer le prix du nouveau Remede ; mais il conſole un peu du ſecret dont le Public doit ſubir la peine , juſqu'à ce que l'Auteur le juge digne de jouir du *préſent général* qu'il a ſolemnellement promis de lui faire. Pour moi, Monſieur, dont toutes les reſſources ſont attachées à mon remede , comme juſqu'à préſent la fortune ne m'a point mis en état d'en faire un ſacrifice généreux à ce Public intéreſſant pour qui mon zèle égale au moins mon reſpect, je ne promets rien qu'après ma mort.

A l'égard des *Bougies* dont vous me parlez , j'ai très-certainement la recette des meilleures qu'on puiſſe employer pour les maladies de l'urethre , & j'allonge bien volontiers mon Epitre, pour vous prouver ma franchiſe, en vous envoyant cette compoſition. Je vous préviens que je n'en ſuis pas l'Inventeur ; mais j'oſe vous aſſurer qu'il

n'y a point d'obſtacle dans le canal de l'urethre, partici-
pant d'un vice vénérien, qui réſiſte à l'effet de ces Bougies, ſur-tout lorſqu'il eſt ſecondé par les remedes qui en
détruiſent la cauſe. Cependant vous jugez bien que ſi
l'embarras ſe trouvoit dans des parties éloignées où les
Bougies ne puſſent atteindre, elles deviendroient inuti-
les. Vous verrez ce que j'en ai dit dans mon *Traité des
Maladies Vénériennes*, Tom. 3. *p.* 122. Voici les Bougies.

» Faites boüillir pendant une heure dans une grande
» terrine verniſſée, une pinte de bon vin rouge, une li-
» vre d'huile d'olive, & un crapaud, ou à ſon défaut un
» pigeon vivant à qui vous ouvrirez le corps. Otez enſuite
» ou ce pigeon ou le crapaud, & jettez dans la liqueur
» un quarteron de cire jaune, ſix onces de litharge d'or
» bien tamiſée, ſix onces de minium, quatre onces de
» poix de Bourgogne, & une once & demie de diabo-
» tanum. Laiſſez cuire le tout à petit feu pendant trois
» heures, ayant ſoin de remuer la matiere avec une ſpa-
» tule, & d'y ajoûter par intervalle encore deux onces
» d'huile. Vers la fin vous y ferez fondre la moitié d'une
» chandelle de ſuif. Pour s'aſſurer ſi la matiere a le dégré
» de cuiſſon & la conſiſtance convenables, on y trempe
» un petit morceau de toile blanche, telle qu'on la trou-
» ve ſous ſa main. La toile la plus propre pour les Bou-
» gies eſt la demie-Hollande. On la coupe en petits mor-
» ceaux pour l'imbiber de la matiere, & l'on en forme de
» petits bâtons cylindriques. On fait une ſeconde eſpèce
» de Bougies plus ſuppuratives que ces premiéres, en
» ajoûtant aux ingrédiens ci-deſſus du cuir de vieux ſou-
» liers calciné au feu & réduit en poudre. «

Ces Bougies étant introduites dans le canal de l'urethre, fondent plus ou moins abondamment toutes les ma-
tieres obſtruantes dont le canal ſe trouve bouché. La ſuppuration doit toujours être proportionnée à la force des
obſtacles & à l'action des Bougies. Mais il faut obſerver
que, quand on introduit dans un canal ſain les Bougies faites avec l'addition de poudre calcinée de vieux cuir, on
produit une ſuppuration qui a beaucoup de reſſemblance

avec celle que fournissent les carnosités. Un Officier des Gardes Françoises en a fait l'épreuve sur un de ses Domestiques, & j'ai fait la même expérience sur quelques sujets chez qui la rétention d'urine indiquoit l'application de la sonde, sans qu'il y eût dans le canal aucun embarras. Ces Bougies faites avec la poudre de vieux cuir de souliers, sont celles que M. *Maloüin*, dans sa Chymie Médicinale, Tom. I. p. 585. nomme *Bougies suppuratives.* Il faut les préférer aux autres, jusqu'à ce qu'on ait entiérement emporté tout ce qui se rencontre d'étranger dans le canal de l'urethre. On y applique pour cet effet chaque jour deux de ces Bougies : sçavoir, une le matin qu'on laisse deux heures dans le canal, & une autre le soir ; & avant que de les introduire, on a soin de faire uriner le malade. Ces Bougies, dans le commencement, produisent des inflammations & de fortes irritations à la membrane qui tapisse l'intérieur du canal de l'urethre, ainsi qu'à l'orifice des vaisseaux lymphatiques qui y aboutissent ; mais ces accidens durent peu de tems, & se calment par la suppuration qui ne tarde guéres à s'établir. Ils ne doivent donc pas effrayer, & d'ailleurs on y remédie en injectant dans le canal quelque décoction émolliente, telle que l'eau de guimauve, celle de graine de lin, ou simplement de l'huile d'amandes douces tirée sans feu. Lorsqu'on a détruit tout l'embarras du canal, on se sert des premiéres Bougies pour entretenir la suppuration, & on en continue l'usage jusqu'à guérison parfaite. On employe par jour deux de ces Bougies, & chacune doit rester dans le canal quatre ou cinq heures.

Au surplus, Monsieur, je suis persuadé qu'on exempteroit bien des malades de ces secours longs & pénibles, si aux premiers symptômes de la Chaud.....on mettoit les injections en usage. Au moyen de ce prompt reméde, on ne donneroit point à la matiere le tems de former par son séjour des ulcères, des cicatrices ou des *fungus* qui bouchent souvent & rétrécissent la voye des des urines. On sçait que tous les ulcères, quels qu'ils soient, doivent se traiter tout autrement que les playes

généralement prifes. Or je confidere la Gonorrhée comme un véritable ulcère, & la Chaud.... récente comme une playe, au moins tant que la phlogofe fubfifte,
& que le malade en urinant fent les aiguillons des fels
urineux. Ainfi la Chaud..... demande un traitement
tout différent de celui de la Gonor..... Mais vous ne
fçavez que trop, Monfieur, combien la Chaud.... aujourd'hui dégénere aifément en Gonorrhée par la faute
de la plûpart des malades. Les jeunes gens atteints de
la première, fe croyent hors de danger auffi-tôt que les
accidens font un peu calmés, & qu'ils urinent fans beaucoup de douleur. C'eft le tems où la maladie exige d'eux.
le plus de ménagement ; & c'eft alors que non content
de négliger les remédes, ils fe livrent à toutes fortes
d'excès. De-là cet égoût incommode qui fubfifte quelquefois pendant toute la vie. On crie cependant contre
le Chirurgien, & on l'accufe de tout le mal qu'on s'eft
fait foi-même. Il eft très-peu de Praticiens qui n'ayent
effuyé ces reproches injuftes, & qui n'éprouvent tous
les jours les inconvéniens du faux préjugé qui s'eft introduit parmi les libertins fur la nature d'une maladie
qu'ils regardent comme une bagatelle. Pour vous, Monfieur, je fuis bien fûr que vous la regardez ainfi que
moi & que tous les Praticiens expérimentés, comme un
des maux vénériens qui exige le plus d'attention, tant de
la part du Chirurgien que de celle du malade, & qui
n'eft guères moins opiniâtre, qu'il eft familier: depuis 35 à 36 années que je m'occupe principalement du traitement de ces maladies, il m'a paffé dans
les mains un nombre infini de fujets attaqués des divers
fymptômes de la V.....; & des expériences multi-
pliées m'ont appris à redouter beaucoup plus pour le
malade & pour le Chirurgien même la feule Gonorrhée que tous les autres accidens.

J'ai l'honneur d'être, Monfieur, &c.

www.ingramcontent.com/pod-product-compliance
Lightning Source LLC
LaVergne TN
LVHW050237060726
842525LV00007B/2714